Inhalt

Social Commerce - Neuer Online-Shopping-Trend hat das Potenzial zum Verkaufsschlager

Kernthesen

Beitrag

Fallbeispiele

Weiterführende Literatur

Impressum

Social Commerce - Neuer Online-Shopping-Trend hat das Potenzial zum Verkaufsschlager

Harald Reil

Kernthesen

- Soziale Netzwerke wie Facebook und Co. eignen sich auch als Verkaufsplattformen.
- Zwar machen noch nicht viele Unternehmen von dem Angebot Gebrauch, Experten zufolge wird sich das aber bald ändern.
- Auch deutsche User halten sich noch zurück. Doch auch sie werden sich auf Dauer dem neuen Trend kaum entziehen können.
- Social Commerce ist bisher vor allem für

Nischenanbieter eine große Chance, Luxusmarken haben es dagegen noch schwer.

Beitrag

Riesiger Markt für Unternehmen

Facebook hat einen Siegeszug rund um den Globus angetreten. Millionen und Abermillionen User tummeln sich mittlerweile täglich in dem weltgrößten Social-Media-Netzwerk, um mit Freunden in Kontakt zu bleiben, selbst wenn sich diese in den entlegensten Winkeln des Erdballs aufhalten. Auch rund 20 Millionen Deutsche sind auf Facebook aktiv. Die Tendenz ist steigend. Wo sich so viele Menschen miteinander austauschen, bleiben auch Unternehmen nicht lange fern. Es war daher nur eine Frage der Zeit, bis sie sich ebenfalls in die sozialen Netzwerke einklinken würden. Dieser Prozess ist noch lange nicht abgeschlossen, aber immerhin schon ziemlich weit fortgeschritten. In Deutschland nutzen laut E-Circle bereits 41 Prozent der Unternehmen Facebook und Co. für Marketing und Kommunikation. Der Trend hat noch nicht einmal seinen Höhepunkt erreicht, da folgt ihm schon ein zweiter auf dem Fuß: Social Commerce oder - dem riesigen Einfluss von

Facebook geschuldet - auch schlicht und einfach F-Commerce genannt. Auf Deutsch: Unternehmen verkaufen ihre Waren und Dienstleistungen direkt über Social-Media-Plattformen. (1)

Trendsetter USA

Dass F-Shopping auf dem besten Weg ist, zum Verkaufsschlager zu werden, lässt sich mit ein paar Zahlen am Trendsetter USA belegen. Die Handelsorganisation Shop.org hat zusammen mit den Marktforschern von Comscore und Social Shopping Labs eine Umfrage unter 1 800 Internet-Shoppern gestartet, die folgende Ergebnisse zutage gefördert hat: 42 Prozent der Interviewten surfen im Schnitt sechs verschiedene Shops auf Facebook, Twitter und dem Händler-Blog an; 58 Prozent davon sind Schnäppchenjäger, 49 Prozent holen Infos über die neuesten Produkte ein, über 30 Prozent interessieren sich für Wettbewerbe oder Events. Ebenfalls rund ein Drittel der 1 800 Umfrageteilnehmer gab zu Protokoll, dass sie bei Facebook oder Twitter auch einkaufen würden. (1)

Deutschland hinkt noch hinterher

Deutschland ist allerdings noch nicht so weit. Laut

einer Veröffentlichung der Hamburger Marktforscher Fittkau & Maaß lehnen hierzulande sogar 65 Prozent der User von sozialen Netzwerken eine Erweiterung der Plattformen zu Shopping-Portalen ab. Lediglich zehn Prozent zeigen Interesse oder sogar sehr großes Interesse. Vor allem Facebook kommt bei dieser Umfrage nicht gerade gut weg. Noch am ehesten aufgeschlossen ist die Altersgruppe der unter 30jährigen; die über 49jährigen stehen der Idee weitgehend skeptisch gegenüber. Weitere Ergebnisse: Frauen sind aufgeschlossener als Männer; größtes Interesse zeigen User, die sich selbst als trendbewusst bezeichnen. Darauf folgt die Gruppe der Qualitäts- und Preisbewussten. Das Fazit: Deutschland hinkt in Sachen F-Commerce noch ziemlich hinterher. Dass sich diese Situation bald ändern wird, ist nach Meinung vieler Experten allerdings nur eine Frage der Zeit. Ein gutes Omen: Auf der Digitalmesse dmexco hatte Facebook nicht nur den größten Stand, Social Commerce war auch eines der Themen, die am heißesten diskutiert wurden. [(6)](), [(7)]()

Chance für Nischenanbieter

Soziale Netzwerke, die zu Verkaufsplattformen erweitert werden, scheinen vor allem für Nischenanbieter eine große Chance zu sein. Da es dort Communities zu jedem erdenklichen Thema gibt, sind Facebook und Co. für Firmen, die mit ausgefallenen Produkten ihr Geld verdienen, geradezu ideal. Diese haben das Potenzial, das in F-Commerce steckt, auch früh erkannt und gehören mit zu den ersten Anbietern, die Social Media professionell für sich nutzen. Ein Beispiel ist die Firma Spaceart.de, die Artikel vertreibt, die im weitesten Sinne mit Science Fiction zu tun haben. Das in Münster ansässige Unternehmen hat mittlerweile schon rund 5 000 Fans, die eifrig jede Neuerung kommentieren. Schwerer haben es dagegen Luxusmarken. Käufer vermissen nach der Einschätzung von Experten den Glamoureffekt, den sie beim Shoppen in sündteuren Läden erleben und der die hohen Summen, die sie in den Nobelläden lassen, leichter verschmerzbar macht. (3), (8)

Odango bietet F-Commerce-Lösungen an

Indessen gibt es auch schon Anzeichen dafür, dass in Deutschland eine neue Art von Unternehmen am Entstehen ist. Paradigmatisch dafür ist Odango, eine Start-up-Company aus Berlin, die sich auf die Einbindung von traditionellen Online-Shops in Facebook spezialisiert hat. Odango verdient sein Geld mit Umsatzprovisionen und einer Grundgebühr, die Partnerfirmen monatlich entrichten. (4)

Trends

Potenzielles Hindernis: mangelnder Datenschutz

F-Commerce hat sicher großes Potenzial, auch wenn die Umsätze, die bisher erzielt werden, nur etwa zwei bis fünf Prozent von jenen Beträgen ausmachen, die über konventionelle Online-Shops erzielt werden. Glaubt man der Studie, die die Werbeagentur BBDO Germany in Kooperation mit den Trendforschern von Jelden TTC und Brand Foresight veröffentlicht haben, dann wird es nur eine Frage der Zeit sein, bis sich Facebook Commerce auch hierzulande durchsetzen wird. Ein nicht zu unterschätzendes Hindernis sind allerdings die deutschen Datenschützer, die Facebook schon seit längerem im Visier haben; und auch die User stehen der weltgrößten Community-Plattform durchaus kritisch gegenüber: Mehr als die Hälfte davon stellt sich die Frage, ob der Einkauf über Facebook wirklich sicher sein kann. Ebenso groß ist die Prozentzahl derer, die nicht wollen, dass Facebook Zugriff auf ihre Daten hat oder weiß, was sie kaufen. Dennoch ist es nur sehr schwer vorstellbar, dass sich die User den Verlockungen von F-Commerce tatsächlich auf Dauer entziehen können. (2), (5)

Konkurrenz für eBay und Amazon

Die bereits erwähnte Gemeinschaftsstudie von BBDO, Jelden TTC und Brand Foresight sagt ebenfalls voraus, dass sich Facebook zum schärfsten Konkurrenten für eBay und Amazon entwickeln wird. (4)

Fallbeispiele

Versandhändler Otto gehört zu den F-Commerce-Vorreitern

Otto gehört in Deutschland zu den F-Commerce-Vorreitern. Allerdings bietet der weltweit führende Versandhändler bisher nur einen kleinen Teil aus seiner riesigen Produktpalette auf Facebook zum Verkauf an - nach offiziellen Angaben, um den Kunden neugierig zu machen und ihn nicht zu überfordern. (2)

Zertifikat "Trusted Shop" treibt Verkauf bei Köhler nach oben

Der Fahrradhändler René Köhler hat die Zeichen der Zeit erkannt und ist bereits auf den F-Commerce-Zug aufgesprungen. Seine Erfahrungen sind durchaus positiv, auch wenn er unter Facebook noch Funktionen vermisst, die einen regulären Online-Fahrrad-Shop auszeichnen. Dazu zählen zum Beispiel ein Rechner, der die bestmögliche Rahmengröße bestimmt, oder die Möglichkeit, Filmclips einzustellen. Zu Köhlers bisherigem Facebook-Erfolg tragen daher vor allem wohl zwei Faktoren bei: Schnäppchenjäger erhalten beim Einkauf über den Facebook-Shop einen Nachlass von zehn Prozent. Außerdem hat die Verleihung des Zertifikats "Trusted Shop" die Verkäufe noch einmal spürbar nach oben getrieben. Der Fahrradhändler setzt aber vor allem auf die Zukunft. (1)

Nischenanbieter Beautek steigert Umsatz dank F-Commerce

Der Nischenanbieter Beautek mit Sitz in der nordrhein-westfälischen Kleinstadt Brilon, der sich auf den Vertrieb von Premium-Produkten für Friseur- und Massagesalons spezialisiert hat, hat dank seines Facebook-Shops seinen Umsatz zwischen fünf und zehn Prozent nach oben getrieben. Da die Beautek-Waren sehr beratungsintensiv sind, nutzt die Firma Facebook zwar vorrangig als Kommunikationskanal;

die enge Verzahnung zwischen Beratung und Verkauf auf einer Plattform wirkt sich aber offensichtlich auch positiv auf die Umsatzzahlen aus. (3)

Weiterführende Literatur

(1) Auf den E-Commerce folgt der F-Commerce
aus Frankfurter Allgemeine Zeitung, 07.06.2011, Nr. 131, S. 17

(2) Einkaufserlebnis der Zukunft
aus HORIZONT 37 vom 15.09.2011 Seite 031

(3) Starke Nischen auf Facebook
aus werben & verkaufen Nr. 29 vom 21.07.2011, S. 65

(4) Online-Shops in sozialen Netzwerken
aus ChannelPartner.de, Meldung vom 07.10.2011

(5) Facebook-Vertrauen
aus Absatzwirtschaft Nr. 08 vom 29.07.2011 Seite 008

(6) Facebook etabliert sich als Verkaufskanal
aus Der Kontakter Nr. 39 vom 26.09.2011, S. 14

(7) Mehrheit der User hat kein Interesse an Social Shopping
aus Der Kontakter Nr. 32 vom 08.08.2011, S. 19

(8) Facebook als Luxusrampe
aus werben & verkaufen Nr. 32 vom 11.08.2011, S. 86

Impressum

Social Commerce - Neuer Online-Shopping-Trend hat das Potenzial zum Verkaufsschlager

Bibliografische Information der deutschen Nationalbibliothek

Die Deutsche Nationalbibliothek verzeichnet diese Publikation in der deutschen Nationalbibliografie; detaillierte bibliografische Daten sind im Internet über http://dnb.d-nb.de abrufbar.

ISBN: 978-3-7379-0793-4

© 2015 GBI-Genios Deutsche Wirtschaftsdatenbank GmbH, Freischützstraße 96, 81927 München, www.genios.de

Alle Rechte vorbehalten. Dieses Werk ist einschließlich aller seiner Teile – z.B. Texte, Tabellen und Grafiken - urheberrechtlich geschützt. Jede Verwertung außerhalb der Grenzen des Urheberrechtsgesetzes bedarf der vorherigen Zustimmung des Verlags. Dies gilt insbesondere auch für auszugsweise Nachdrucke, fotomechanische

Vervielfältigungen (Fotokopie/Mikroskopie), Übersetzungen, Auswertungen durch Datenbanken oder ähnliche Einrichtungen und die Einspeicherung und Verarbeitung in elektronischen Systemen.